JN418967

살꽃이
피다

살꽃이 피다

정하해 시집

문학의전당

自序

비 떨어진다

자본이다
목숨을 키우는

나팔꽃이 거대한 동굴처럼 깊다
동굴 속으로 여행을 떠난다
종소리 그것이 흔적이다

차례

1부

2부

3부

4부

1부

오동나무 여자

오동나무 잎이 가지를 쳐놓는 어딘가
그도 있을 것 같아 반어거지 수색하다
꽃들 그 층층한 수렁까지 엿보다
내가 벗겨지면서 묻어나는
분칠하듯 묻어나는,
나무 속 흐르는 물로라도 만나고 싶어
오동꽃 목구멍 나를 밀어넣지만
아무것도 열리지 않아
이쪽과 저쪽 남몰래 스치는 우연 따위는
애초 없었던 것
올해도 만나지 못하고
물그르매 잔뜩 꼈다

일곱 난장이와 식사를

그들과 식사를 하네
일곱 개 입으로 사람의 밥을 먹이는
위험한 놀이를 하네
우연찮게 만난 그 아버지 몽땅
나에게 바쳤네
페트병 잘라 저들을 꽂았네
밑둥이 파랗게 오열하다 굶기만 하네
오기도 좋지만 사람의 밥을 먹어봐
사람처럼 똥을 싸고
사람처럼 업을 짓는,
가르치고 싶은데 도무지 열리지 않네
제 얼굴 하나 둘 부숴버리네
일곱 벌의 몸이 페트병 속에서 길을 잃네
급기야 마귀처럼 사과를 깎네
빙빙 돌려가며 씨별까지 발라내네
단물 빠지기 전 얼른 먹여야 해
누구는 먹으면 죽는, 극약을 처방하고
내가 쓰러지네 그들이 나를 만지네
하얗게 부풀린 지지미원피스로 갈아입힌
나를 다시 식탁에 앉히네

붉은 작약 일곱 입들이 우물우물
우리는 친동기간처럼 둘러앉아
밥을 먹네
오롯이 둘러앉은 오두막엔 아무도 오질 않네
그 집의 문에서 녹이 우거지도록
오질 않네

고동을 까먹는 밤

이쑤시개 하나로 살을 판다 면상을 파고 가슴을 파고 죄의식이라고는
생각나지 않는 외딴 세계에 갇힌다
아무 살이나 물어뜯고 싶을 때가 있다 화다닥 차오르는 업을 마구잡이
삽질하고 싶을 때가 있다

다시는 찾지 않으리라며 나를 쳐내던 날 공교롭게도
어둠은 내게 뿌리 내려, 이슥해야만 잊을 수 있다고 하는데 자꾸 해가 드는
쪽으로 나는 뻗는다

고동을 파다
머리도 간덩이도 다 파먹힌 빈 껍질 되었다
이 고동 하나에 내 허파와 내장이 버려져 있을
숱한 뼈와 살을 가만 가만 들어내어 당신 보내는데 써버렸다
설거지할 생도 희희낙락 추억도 없는
고동이나 쑤시는 밤이다 아무 눈빛도 마주칠 수 없는, 당신을 노동한 댓가로
앉았던 자리 이 자리만 성하다

수행자

마음이 고삐다 순차적인 꽃 따라 갈 수 없는 탓이겠지
그런, 무료한 날 깨트리며 분재 하나가 먼 행성으로부터
왔다 칠발처럼 굴러다니는 게 꽃인데 싱거운 이파리들만,
틀어진 가지로 하여 가지런한 내가 괜히 불편타 어둠이든
빛이든 그에게 잡히는 것들은 모든 불만을 지워야 한다
뽑혀져 나오는 그늘마저 득음의 수행을 시키는 것인데
비틀릴수록 觀이 펼쳐지는데, 타성인 나는 철없이, 철없이
뻗어 불감당이다 성인의 최후는 벌거벗는 것이라 했던가
뼈들이 투두둑 맞물릴 때 짐작하지만 그는 홀연히 몸을
두고 떠날 것이리라 구부려도 도대체 구부려도 지금은
나란한 내 사지를 가만히 다독이고 사는 것도 큰 임무의
한 방편이라고 생각은 하는데 매달린 잎들은 어찌해야

오월난장

그녀 부러졌다, 는
빠개진 어깨로 아무 일 아닌 듯
키득거리며 전하는 말에
전화기 든 손이 소스라쳐 붉어진다
항시 용암을 끓이고 살던 그가
곧 일낼 줄 알았지만 하필
먼 망나니 재물 같은
줄장미 대가리, 꽃대가리
마구 걸리는 이때
말할 수 없는 피비린내
그 비린내 피할 처마는 없다
빠개진 어깨로 향하는 저 말숙한 비린내
하염없이 붉혀놓을 것이다
화끈하게 뜨거울 것이다 그녀
내내 벌어진 오월의 살 속
얼마나 난봉 치는지 그는 모를 것이다
쉬파리 똥파리 다 모여드는 꽃거적 위로
한 처마 부수어버리는

봉평, 혹은 당신에 대한 보고서

자근자근 메밀꽃 속으로 걸었네 발밑에선 빠지직 요절나는 소란들, 저기 어디쯤 허생원 당신, 숨 막혔던 곳인가 이생 꽃은 피었다만 그것들 당신 품었으리라고는 생각도 못했네 물방앗간의 은밀함도 구경하던 참이네 그때의 물소리에 헛몸 디뎌 엎어지고 말았네 그러나 일은 벌어지지 않았다네 한 업이 삭지 않고 고집 중인 거 주검에서 피워내는 달콤한 혼몽 같은 거 그래서 뒤돌아보는 일, 이승의 잡것 후려 놓는 일, 메밀꽃에 사기쳐서 울려놓는 일, 허벅지 돌려가며 꽃들이 박히도록 밟고 다녔네 박힌 꽃들 데리고 봉평 장터로 가 메밀묵 시키네 당신 애터지게 했던 그녀 물컥거렸을 그녀, 를 삼키네 들척지근한 맛은 당신이지 싶네 이 모든 연분의 고리 빠짐없이 적어나가네 비록 시건방진 불경을 저질렀다면, 죽어 메밀꽃이 되겠네

여름, 그 후

팔월, 어느새 저만치다
우리들 겨드랑이 지나 골목을 지져놓고
그러다 저절로 까무라치던 독한 것
그가 떠났다, 더운 오지랖을 거두어
다친 마로니에 잎들은 사경을 헤맨다
한두 잎이 아닌 여럿 아프다
나무는 내내 삶겼던 우듬지를 뜯어낸다
홧병을 뜯어낸다
죽은 잎들을 내다 버린다
눈썰미는 알리라, 미쳐간다는 걸
온전히 쓸쓸해지는 일
거기 잡목처럼 끼어들고 싶은 사람들
시방부터 분주해지겠다
한 이웃 하겠다

2인분의 외출

두 사람 차에서 내렸다
가던 길은 거기가 아니지
싶은데 무조건 내렸다
논둑 사이에 두고 앉은뱅이걸음이다
남자 바짓가랑이 봄물 슬었는지
불룩하다 연신, 풋것 쥐어뜯느라
어떻게 구부러졌는지 알지 못하는 여자
복숭아꽃 주둥이가 붉거나 말거나
안중에도 없는 무관심이다
맨손으로 캐는 쑥이 얼마나 될까마는
바깥물 밴 목덜미 한 손이 얹힌다
둘이라는 건, 오다가다 아무데나
주저앉아 흙먼지 손짓에도
싸해지는 것인지 그녀 꿈틀거린다
들나물은 들나물끼리 내외하는
그 들녘 식구들 새머리에 받혀
흔들, 거렸을 뿐 모든 거 참작해주는

지루한 벽, 혹은 새장

늦은 오후 적당히 구긴 한 여자 열차 칸 얹힌다
칙칙한 유리 그녀를 품는다 뼈째 어둠이 되는 불안정
그녀 곳곳 금간다 덜컹거리는 머리, 끌고 가는
파지의 시간들 암덩이처럼 새끼를 친다 하루 서너 번씩
압축되던 그 어질한 서울, 무차별 중독으로부터
몰매 맞고 돌아온 날 빳빳한 경력 한가운데 절벽 그어놓고
심하게 앓았었지

레일과 상관없는 헌 실밥의 여자 달리는 것들과
흥정을 벌인다 낱알로 구르는 별은 몇 푼이나 나갈까
늘 내 풍경인 듯 덧대고 기웠는데 지금은 왜 외상처럼 다가오는지
그대 어디를 비우고 있는 중인가 밖으로 나가는 길
끊어진 지 오래, 마주보는 저 검은 눈물 사이 미적거리는 그녀
천안 지나 영동까지 실성한 들불만 바라본다

꽃말

푸지게 봉숭아 피었다
정처 없이 또 피었다
건드리지 말라는
저 모반의 자루엔
무기징역의 약속 숱하게 들어있으리라
꽃을 기다려 본적 없는 대궁은 얼마나 매정하고 싸가지 없는
일인가

열 개의 하늘에다
저를 붙여나가는 그녀,
그 사이 담벼락 늙어 허물어지고 그 담의 손자까지
늙어가는 지금
기다림 그것은 실형이라 했던가
억울하게 시절은 또 가고, 지친 그녀도
후두둑 지고
떨어진 그녀 품에서 어느 죄수처럼
나 한잠 자고 싶어도
아무도 기다려 주는 이가 없어

그해, 칠월은

놀래기 한 마리 문설주를 넘어간다
몸통이 발이다
허공이 휘이 휘-이 갈라진다
장단 없이도 후렴 없이도 일사분란한 발이
동쪽으로 그쪽으로 흥겹게 간다
춤은 끝날 줄 모르는 무아지경
바라보는 벽도 꼼짝없이 무아지경
어느 하늘 있어 저걸, 막을 것인가
탁배기처럼 장맛비는 몰려다니는데
그가, 놀래기라는 걸 잠시도
놓치지 마라
절정의 추임새에서 마구 떨어져 나오는
냄새로 하여 놀라지도 마라
너에게 보내는 하직의 경배일지도 모르니까
숨이 조금 덥다고 그를 나무라지는
더욱 마라 시험당하는 중이니까
저 수천의 발짓이 한여름 깨춤을 시킨다
저 수천의 발사래가 칠월염천 몰고 간다

광대의 노래

이빨이 쑤신다
며칠 전부터 집적거리던 것이
기어이 한판 붙을 작정이다
배춧잎처럼 오므라지는 헌것의 힘줄들
퍼렇게 핏대 세운다
분명 누군가 나를 뜯어낸다
쉬이 말라버린 내 안의 우물에서
쇠망치 울음 됫박으로 번진다
비록 다듬어진 옥타브는 아니지만
턱턱 분질러지는 몸을 앉혀놓고 숱하게 들려준
육자배기들, 걸죽한 나는
살찐 별처럼 살았을 뿐이다

대담하게 알집 짓는 저들의 울력 앞에
더 이상 노래는 없다
천상의 소리를 탐낸 나는 이쯤에서 해체된다
꼬장꼬장한 세월아
박하처럼 화한 그곳은 어디에

화전놀이

외출했다 돌아오면 가려워지는 피부
짜증이 난다
연례행사로 찾아오는 것이어서 긁다가 박박 치대다가 피멍 든 골 따라
벌건 살이 오른다

비탈 진달래꽃 소동이다
헌디처럼 들러붙어 산을 긁어내는 저것들 무간지옥까지
붉은 만장 보시다
모든 지옥이 열리면서
지화자

참을 수 없어 주사를 맞는다 흰 살에 수를 뜬다
한 술의 꽃점을 떠내어 화전 부친다
나를 지진다 먹을수록 고파지는 이 멀미들 환장하게
봄을 긁는,

한 줌 약을 손에 쥐고 망설인다 이걸 삼키므로 순식간에 끝내버릴

놀이가 아쉬운 건 아닌데, 이맘때면 대책 없이 미치는 피 때문에

그래, 그래, 그렇지

만화방창 한바탕 놀고 볼 일이지

한바탕 울고 볼 일이지

저 꽃 어쩌라고!

찢어진 하늘 덧바르는 바람의 입에서
울음인지 웃음인지 모를 소리가 난다
목백일홍 꽃 뗀 자리마다 박아 넣는 옹이들
뜨거운 오한 살이 떨린다

눈이 온다
붉은 저 떼거리 멍청한 그에게
찰나 그늘 빠져나간다
각을 향해 떨어지는 이파리들의 중심
무얼 더 벗으려고
어떤 무게도 줄여놓지 못한 눈발 너머
나는 세상에 없는 사생아이다
불쑥 돌아와 때리고 가는 서른의 광기
그 광기들에 얼마나 많은 꽃망울 분해 당하였던가
이제 한 곳에 내리는 눈발이고 싶다
그가 내 안에 가지를 집어넣는다
내가 터진다 후생 속으로 들이치는 오한
길도 더러는 제 몸 잠그는데 이 한겨울
나를 뚫고 걸어 나가는 저 꽃 어쩌라고!

2부

동해비치호텔에서 일박

나를 써넣고 방 하나 따낸다
덩그런 벽과 침대 사이 휑하다
모래와 엉킨 물을 밟는다
격해지는 바닷물로 죽을 쑨다
온갖 비문들만 나부댄다
그렇다면
저것의 정체는
내가 전생에서 쓰던 말들?
달이 뜬다
이런 때는 달도
건달이 되고 싶을 것이다
외벽을 기어오르는 장미 서너 송이
겁탈하고 싶은,
누구나 하는 생각
술 한 잔 마시고 싶다
춤도 추고 싶다
홀로 눈 뜨는 황망한 새벽이 싫어
춤을 춘다
저 돼먹지 않은 말들이
나를 감금하는 시간은 길다

뫼비우스

기차는 알 수 없는 꽃잎을
잔뜩 싣고 떠났다
봄 아홉 시
하늘은 천천히 몸을 말아 뒤 따라간다
빠르게 스쳐가는 반대편 열차에서
나른하게 엎혀가는 나를 발견한다
들이치는 풍경이 귀찮은 듯
두 눈을 밖으로 던지는 그녀.
바람과 오골거리는 여행은
번잡하면서도 즐겁지
봄 열다섯 시,
멸치 다싯물에 잘 적신 국수가
생각나는 출출한 새참시간
재차 그녀 지나간다
잘근잘근 손톱을 요절내며 간다
그 어떤 것도 처방이 될 수 없는,
마음이 뒤죽박죽이다
한 시절 지나 희뿜한 내세로 진입한다
제 몸을 빠져나온 것들은
모든 게 훌쭉하다 나는 문둥이처럼,

문둥이처럼 달고 쫀득한 살이 그리워
눈물뿐인데 시간조차 소멸이다
알 수 없이 핀 꽃들 어느 듯
알갱이를 낳고, 저절로 커가고,
별도 짝짓기 하는 해이다
일체를 떠나 이렇게 유랑한 게
몇 세기나 되었을까
불운하게 그녀도 나도 떠도는 지금

그가 다녀가면

바람이 나흘간 분다
이 불길한 징후
그가 건너오는 것 같다
묵은 살갗 여기저기 터진다
덜 녹은 뼈들 속에서 나는 홍진한다
바람을 짚고 몰려나오는 피들의 낌새
구름은 피투성이로 떨어지고
세상 한쪽 버둥거리며 무너진다
그가 디디는 곳마다
두서없이 나를 뜨는 복사꽃
뜨겁다
마침내 거덜내어버린
한 여자 숯덩이다
아!

사디스트

정동진 자석이다 소문에 끄달려 온 사람들
거기 당신도 한 잎 소문이다 자석으로 부림
당하고 싶은 모가지, 모가지 안의 검은 얼굴
시퍼렇게 얼은 눈알 총총, 합일은 때가 좋아야
한다고 했던가 난간에 기대어 수위를 만져보는
신새벽 오도독 별 씹힌다 나를 알아보는 그가
천천히 태질해온다 몇 해간 얼마나 원했던가
들러붙는 이 물채찍을 누가 폭행이라 적어가나
이날 위해 미리 선불까지 내고 들었다 이렇게
좋은 날 언제 또 만나지겠는가 유곽의 방들이
철썩인다 방마다 특별 만원사례이다 질러대는
비명소리들 그 소리 모두 바다의 흉터 되듯이

햄버거 집에서

간단하게 때우려고 새우버거를 들고
구석으로 가 앉는다
둘러봐도 靑, 靑뿐인 곳에
건너편 노부부 햄버거를 들고 있다
아무리 깎아도 여든은 되어 보이는데
어느 쪽이 가는귀가 먹었는지
얼굴이 한태 쏠린 채 맛있게 먹는다
몇 분 뒤 그들은 일어났고
뒷문 향해 그녀가 걷는다 불러도 간다
가는귀가 먹었던 건 그녀,
나와 눈이 마주친 할아버지 웃는다
돌아오길 기다리며 웃는다
그녀 돌아와 정문으로 나가는데 샛길을 모두
막아주는 할아버지
누가 버거를 먹고 싶다고 했을까
밥을 위해 일생 노역만 팔았을 것 같은
평생이나 그녀를 비웠을 것 같은
물리도록 지천인 밥을 덮고
생소한 여기까지 그녀를 데리고 나온,
유리창 너머 모시나비처럼

멀어지는

귀머거리

매화나무 등걸에 앉아 삼대를 보냈다 꽃들 본체만체 가고, 가버리고
아무것도 만들지 않았다

그의 마음 들기 위해 후생을 거들었다 죽자사자 거들었다
참 씁쓸한 구걸이다

폭설이 매달렸다 꽃의 환난인 줄 알았다
그것들에 차여 구만리 헤매었다
생인지 허상인지 뜨거운 진액이 칭칭 하염없다

알 수 없는 눈물을 딛고 그해 꽃들 돌아왔다
아직은 몽울한, 그들을 짜내었다 淫이 터져 나왔다 하아! 하아!
내겐 받아낼 귀가 없다

淫들은 매화나무를 다그쳤고 말의 해일이 삽시간 덮쳤다
꽃들의 태실인 등걸이 뒤집히고 그와 내가 이간질에 몸을 팔고
매화꽃 내장으로 이별할 몸을 집어넣는다
주둥이를 묶는다 또 한 대를 허비했다 지금껏
먹먹하다

나팔꽃이 있는 풍경

무심코 행렬을 따라 부석사 당긴다
돌확이 떠주는 물 한 잔 텁텁한 나
헹구어 놓는다
아무데나 꽂던 칼날의 아뜩함 여기서
빼낼 수만 있다면 열, 스물
나 꺾어놓으며 뉘 골라내듯
칼을 뽑아낸다
어디 물 많아 법당 적시고 부처를 빠뜨리고
끝내 수장되는 뗏목처럼
칠월 끄트머리 지독한 가위눌림
더 이상 줄기는 오르지 않는다
본시 그런 줄 알고 있었지만,
살가죽 찢어 화엄 몇 구절 지진들
홧병 터트릴 수 있을까
나 걸어놓고 헌 단청 벗겨낸다
저만치 지팡이 짚고 걸어가는 그가
돌아서서 나를 팬다
덩덩 절이 운다
세상의 귀들 달려오고 마주보는 석탑 사이
행려자처럼 편안한 하루 떨어진 하늘 끌고 내려간다

검정 털신

재래시장 신발 가게 앞에서
촌스럽고 우중충한 털신에게 눈이 간다
신발의 입술에서 부스스하게 박힌 털이
소박해서만 아니다
어느 발을 위해 저리 다소곳한지 생각할 뿐이다
째지고 트실한 그런 발을 가진, 한 사람이 생각난다
발개진 알발을 하고 세상을
건너가던 그가 새로 산 털신은
언제나 집만 지키게 했다
그렇게 건너다보면 시린 정도는
시린 것쯤은 아무것도 아닌 줄 알았다
그런 줄 알았다
문득, 시려서 모든 게 시려서
그만! 이라는 그를 마지막이자 처음인 불을 안겼다
폭설이 퍼붓던 그날
따뜻한 화덕으로 그를 넣었다
그에게 불을 질렀다
참 따뜻하게 살길 바라면서
다시는 부딪치지 말자 그랬다
그런데

오전 아홉 시를 꺼주세요

봄볕 타고 은밀히 건너오는 무리배들 단숨에 스민다 떼로 덤빈다 꽃술의 혀들로 희롱했는지 볕살과 내가 몽롱해진 오전, 해마다 이맘때면 조무래기 蘭꽃 억수로 피는데 볼품없이 억수로 피는데 입에서 터트리는 말씀 한번 우뢰이다 처음도 아닌 것이 늘 설레게 하는데 무슨 설인지 도무지 알 수 없어 그 자잘한 입술 위로 가 경청했을 뿐인데 살충제 맞은 듯 시들거리다 떨어진 것 외는, 蘭 목젖에서 초주검 된 채 걸려있는 저이, 흐벅지게 들러붙어 흥감한 저이, 차마 건드릴 수 없으니 잠시 잠깐 오전 아홉 시를 꺼주세요

감각 2

라이터를 켠다
튀는 불로 하여 어둠이 구멍 났다
그 불똥 청천까지
가 붙어버렸다 구멍이 희다
그것 떼려고 손을 던졌으나
깜쪽같이 사라졌다
몇 겁 홀로 떠다닐 손 한 짝,
빈둥빈둥 남은 손이
다시 라이터를 켠다
역한 냄새가 눈으로 들어온다
내 몸에 불을 낸 것이다
이것 소각되는 시간은 극히 짧다
곁에 있었다는 이유로
벚나무는 벚나무대로
뭔지도 모르는 나를
우두 모아 제 뼈끝에 숨긴다
우리는 빙신같이 쳐다보며
웃다가 죽을 만큼 웃다가
어디서 종자도 알 수 없는 바람에
그만 쫓겨나버리는 그 밤

흔히 말하는 봄밤이었다

저것 빌려

벚꽃에 숨찬 하룻날, 저리 명징한 안녕인데
무례하게 덮쳐오는 낯설음 고립이다
불 꺼진 내 생가지마다 울혈 터지고 화관처럼 씌어지는
어떤 운명 같은 거 그래,
사랑해야 할 관계지 명치끝 살풋해지는 저것에게
잠시 벗었던 것뿐인데 흐드득 한 잎 두 잎 나는 뜯겨나간다

부실한 뼈 다듬어 아이 둘을 불어내었지
그럴 때마다 당신은 절벽에서만 살았고 이생으로는 닿을 수
없는, 나는 수취인 불명으로 돌아와
오래도록 앓았었지
당신, 놓고 간 이 여벌꽃은 피고지고, 피고지고

저것 빌려 돌아온 당신
절절이지만 살끼리 맞댈 수 없는, 그러나 너무 닮아버린,
이승의 꽃이 다 이러지는 않을 텐데

유산상속

무심코 양말 신다 맞닥뜨렸다
아버지 환갑날 생살 데쳐 받은 것
열여섯 살, 아이가 밤새 퍼덕였을
뜨거운 물 엎질러 발등 익혀버린 일
그해 유별스레 추웠다
폭삭 익어버린 발목 한 달간 뜨뜻해
살맛났지 아버지로 만든 불도장
그것에 박힌 채 낭비하지 않고
지금껏 잘 자라 왔다
더러 보이지 않는 날도 있다
그만하면 홀로 두어도 괜찮다는 걸
아셨는지 근데,
오늘따라 뚜렷하다 날밤 뒤척이던 거
들켜버렸다 아무 일 아닌 걸
그런 거다 흉터를 잡고 감시했던 것이다
이 발목에 찬 든든한 빽 때문에
부자다 엄청 부르다

참수되는 오후

가로수 가지치기 한창이다
몇 미터 높이인지 셈은 없지만 톱날 휘두르는 그 남자
우물쭈물 서 있는 마로니에 앞에서 탁, 고동소리 뱉는다

굵은 팔뚝부터 날을 들이댄다
썰린다, 먹히고 남은 한 해가

식은 피 흐른다
한때 더웠을 몸에서 바람 한 푸대 햇살 몇 가마
철철 흘러내린다 이리 쉬운 자백을
머쓱해진 사내의 등짝 묘지처럼 불룩하다

거리엔 떨어진 맥들 분분하고
나는 응고된 채 한 발짝도 옮길 수 없는데
순간 흐드득 들어서는 잎잎의 팔들 뜨악한 표정이다
나를 가져도 느끼지 못하는

톱날 지나간 자리
오후의 살점 묻어나고
여기저기 동강난 사지들

길이 범벅이다

땅찔레

간신히 뽑혀져 나온 머리 줄기인 두 팔
지하도를 끌고 가는 저 느림의 미학을 아는 그를 만난 건 어려운 게 아니다

속도라는 것 블록 하나를 온전히 메우는 일
조금은 쓸쓸한 정강이를 데리고 제 가시에 씹히는 살을 찔끔거리며
동전 높이를 세는 일 그것은 소리의 또 다른 덤불이다

그를 떠받치던 세상이 알약처럼 쪼그라들었을 뿐
더 이상 의문 찍을 일도 아니고
어두운 터널 내가 밟고 다니는 행위가 혹여, 제초제는 아닌지
종아리께 두근거린다

익숙한 방목으로 하여 더러 뭉개어지거나 꺾인 새순에서 진액 흐르는 걸
닦아내거나 처맬 일도 아닌 그는

3부

수상쩍은 봄날

산수유가지의 멍울을 발긴다
떨리고 있는 하늘에서 노란 일출 돋고
봉두난발 꽃 이파리 첫물의 봄똥을 싼다
살면서 이렇게 가까워진 현생을 만나
헐거워진 자리마다 꽃말 하나 박을 뿐인데
한세상 깃을 치고 있는 그대는
나를 송두리째 까먹고 있는 그대는
무슨 맘으로 건너와 이토록 희롱하며 즐기는지
나에게 환승하기 위해
수없이 깨물고 가는 푸른 기별들
내가 버린 한때의 사랑
저러했거늘

내 안의 공장지대

호되게 앓을 때마다 그랬다,
불완전함이 남아있어 그렇다고 이리저리 깎아내어 딱 들어맞는
맞춤형을 세상은 원하기 때문이어서 사람들은 철들기 위해 자주 아프며
살아가는 것이라고, 한 단씩 뭉그러지는 것 보수하느라 몸은 밤낮없이
끓을 때가 있는데 생애 가장 거짓 없는 순간이라고

하마, 그럴지도 모르지
한 사람 벌목하는 일 그럴 때마다 흘러나오는 입술 사이의 단내들
내가 만들어지고 남은 폐품들 연소시키느라 그토록 달아올랐던 것
어느 날 우연찮게 본 무의도, 그것에 반해 늑골 아래 비밀리 숨겨놓고
언젯적 그대를 만난 듯, 다시 금형을 뜨고 칠을 하고 그것으로 인해
한동안 철야를 하다 들통나버리고

오늘도 한차례 고열 지나갔다
어디쯤 아귀가 맞지 않는 건가보다 얼마나 빨리 닳아버리는 생인지
여벌의 나를 만드느라 공장엔 나도 모르는 일이 숱하게 벌어지고
무의도처럼 누군가의 부속품으로 끼워질 그런, 돌발적인 일도 견적으로
매겨지는, 어떤 모습의 내가 다음을 차지할지 장담 못하지만
그걸 폐쇄할 생각은 없다는 것이다

그때서야

젖은 우산 펀다 후두둑 물들이 튀고 접힌 쇠살끼리
나란히 뻗는, 그 느림을 깨고 뛰어내리는 꽃 이파리
몇 밀리그램으로도 따질 수 없는 무게였을 터인데
타일바닥부터 무너져내린다 분명 이승의 소리 아니다
다행히 저것 가로질러 왔을 비는 출타 중이다 가볍게
한 세계가 찍혀 내리는 것에 오싹 한기 든다 어디서
이탈해왔는지 묻지 않겠다 면식있는 조촐한 사이도
아니었을 것 같아서, 사방이 죽은 듯 닫힌다 그것이
끌어당기는 힘에 집이 기운다 머리통 치우고 그를
주워 올린다 그때서야 박장대소하며 나풀거리는데
아뿔싸 그의 대궁이 나였다는 걸 깨닫는 순간이다

수정하고 싶다

매달린 꽃들로 봄 휘어진다
광폭해지는 저들 속에서
종일 수발들어야 하는 어진하루
옮겨 다니며 겁탈하는 꽃의 발정 때문에
세상 모든 것들 진찰해볼 일이다
피면서 건드려놓는 엄밀한 범죄들
저것에게 향고수레 한번 받은 적 있었던가
당혹스러운 풀무질이다
미련 없이 지르고 가는 그에게
애끓는 몸뚱이 쳐넣고 싶다
그리고 나서 수태가 된다면,
내 수절 끊어내는 일
기어이 봄 부러지는 소리

회임

된장 속 티가 생겼다 댓 마리인 줄 알았는데
무리수 장난 아니다
화초들뿐인 베란다에서 어떻게 이런 일
녀석 하나 뒹군다 간질이다
더운 날 내 지랄 같은
언제부터 저것들 다 까놓았을까
무엇으로 서방 삼았을까
도대체 밝혀낼 수가 없다
또 한 마리 헛발질이다 나에게 날리는 건가?
몰래 치루었을 저들의 정사
나만 빼고 모두 공범인 것 같아 의심을 두는데
등덜미 디디티 같은 햇살 마구 퍼붓는다
삽시간이다

과부하

허벌나다
일생 거머쥘 수 있으리라 여겼던 그대
놓친 쪽으로 가뭇하게 퍼붓는 폭설들
배꽃의 환각에서
한없이 미쳐버리고 싶은 충동질
아그배나뭇가지 그 부운 하나가 심란하게 분질러진다
사랑에도 과부하 걸리면
저리 당하는 이별인 걸
눈발 더미 속으로
징한 것 여의고 나서
본정신이다
언제 변덕스러운 모반으로 그대 수소문해낼지 몰라
내 전부 밀봉한다

살꽃이 피다

화장터까지 두 시간, 묵정 길 다 찾을 수 없어 路祭는 생략
버스 아랫배 그를 눕혀놓고 어딘가 꽂혀있을
벽제 더듬는다
침침한 허공 귀찮은 바람을 쳐넣고 나는 떨어진 落果처럼
생뚱하게 앉아 마른 입술 뜯어낸다

오십 해 갓 넘긴 그를 꺼내어 읽는다
골마다 저당 잡힌 고샅길의 문서들 선무당이다
어쩌다 팔월에 떠밀려 마주앉은 나를 잡고
한때 봉선화 꽃물 속 빠뜨리는 재미로 산 적 있었다
세 번 들여야 저승길 훤해진다며 사흘 밤
아무것 허락지 않은 손톱 지지는 날은 찐득한 內部를 열고
몸져누운 상한 길들 끌고 나왔지

살아생전 그의 무기였던 法句經 한 페이지 귓속 음판 때린다
훔쳐갈 것 없는 생을 가로질러 버스는 주저앉고
명주옷 허옇게 너풀거리는 그가 앞서 걷는다
환승역 구내 쓸쓸한 악수를 넘겨받는다
그가 벗어놓은 헌 살덩이 수습해 아무도 간섭할 수 없는,
이름 함께 봉인한다

그저께 따온 꽃잎에 나 올려놓고 쾅쾅 못질한다
푸르락 뼈들이 타오른다 너무 붉어 신들린 듯
떨고 있는 대궁을 짚고 그가 웃는다

내가 낯설다

어디를 향하는지 자주 머뭇대는 생각
미열처럼 뿌연 세상에서
의지와 상관없이 도둑맞고 가는 일
섯다판에서처럼 내가 나를 찍어 넘기는 일
저 숱한 타자로 인하여 미어터지도록 아픈
그것이 중심이기에 마침내 곪아
뭉그러지게 앓아눕는
잠깐,
생은 몰입이다
그는 낯설게 찾아와 사납게 후려치고 갈 뿐이다

비비추

한 줄금 고민도 없이
어디 포개어진 데도 없이
못 견딜 이별도 모르는
그가 피었다
고스란히 제 몸만 디뎠다
예약한 시간까지 여분이 남아 우연찮게 병원 뒤뜰 찾았다
빈 의자 누구도 함께할 수 없어
마른 꽃잎처럼 앉아
그에게 이유 없이 비벼대는데
가만,
왜 자꾸 왈칵거리지
이걸, 들키기 싫어
안 본 척 급히 나와 버리는데

松下에 들다

산이 자주 다녀가는 하늘
사랑채다
그 사랑채 깊은 그늘목에 앉아
한 켤레 고샅길을 벗는다
극락전 처마 아래
찔레꽃 이파리들의 바라춤
밤새 이어지는데
별들이 뜬 눈으로 받아온
한 잔 이슬, 만신창을 씻어낸다
마음껏 쓸쓸해져도 좋을
이 환장할 거처 솔잎은 솔잎대로
면벽에 들었는지 허공이 비었다
살풋, 선잠까지 따라와
나를 두드리는 독경, 어디로부터
왔는가
비로소 가뿐해진

이 계절, 나는

등줄기 결린다
뜨끔거리거나 뒤틀리거나
그리워할 게 많은 사람의 등은 유달리 허기져 결린다고들 한다 세상의 등을
건너면서 어찌 그런 허기 몇쯤 만들지 않았겠나마는
나는 고픈 등살 내비치기
싫어 지금은 어디에나
등을 돌려놓을 수가 없다
오월의 야적 위에서 결리는 이쪽과 저쪽을 지치도록 당긴다 지치고 나면
비로소 트일 숨통처럼,
내 등을 돌아 꽃들이 피똥을 싸는 이 계절
그것들에게도 등은 있을 것이다
저리 피는 종자별 등에도 숱한 허기들이 묻히고 그 묻힌 것들 한 개씩
쐬러 나온 것일 게다
외박처럼 오월의 길가에서 누군가
기다리다, 돌아서는 그들도 나처럼 결릴 것이다
멀리 가지 못하고 주저앉아
결릴 것이다

수종사

물도 절을 짓는구나
마냥 흘러가는 이유 불문 아니던가
여기 물 한 덩이 모셔놓았구나
늙은 산을 앉혀놓고
제 몸을 두드려 공양 올리느라
그렇게 처연하게 울었구나
목어들을 데리고 두물머리 나가
합일물을 보라고!
썩은 뼈가 놀라지 않게 구경만 하라고
신신 타일렀겠구나
어느 해 보시하고 내려왔던
갑갑한 내 눈물도 지금쯤
절 하나 꾸려놓고
아래 막사발 찻집으로
뻔질나게 다녀갔겠구나
후미진 곳에서 일없는 강물과
숱하게 내기하다 갔겠구나
큰 절 아래 작은 절 서로
따 먹기,
佛法 체류하던 강이 캄캄히 눕도록

서 있는 그는

신나르시스

자주 만나지던 동백꽃 몸을 말아 쥐고 떨어졌다 바깥바람 잘 쐬고 온 직후였다 경찰이 다녀가고 동백 이파리가 수사를 당하고, 저를 끊어낸 잠시 잠깐이라 천둥칠 사이도 없었다 입었던 살이 푸르다 무엇으로도 오지 않겠다는 끄적임 있었다는데 유달리 그가 붉다고 의문도 두었다 엘리베이터 안에서 매번 인사를 텄는데 내 근접에서 꽃판 닫고 날리는 어처구니가 생기다니 웅혼한 길을 맞닥뜨리지 말았으면 하는 내 비겁함 한 궤에 다닥다닥 붙은 저 겁 많고 고요한 외면들 언제 우리가 보태어 살았어? 어떤 연이든 빠져들고 싶지 않아, 그러면서 스며드는 면경인 것들, 얼추 하늘을 다 건너갔을 즈음 거동 불편한 피붙이 그를 닦아낸다

애기동백

영아원에서 한나절
아무런 간격 없이 마구 피어버린 꽃들
순간, 죄인 같다

웅얼웅얼 나를 불러재끼는 저 선재동자들

손짓 발짓이 전부인 환승역에서
한마디도 바꾸어줄 수 없는 나는 조막손 안에든 겁쟁이다
무언가 잔뜩 기다리는 이름들아
그 자리, 그곳이 아슬하다 자자꾸나
이월 눈발은 체면 없이 퍼붓는다

4부

急患급환

아침나절 가로수목 산수유 터진 걸 보았다 내내 걸린다 눈발이 어제까지 설레발 쳤는데 바들거리던 안색이 걱정이다 만촌동 와서 터트린 게 아무튼 다급했던 조산이었던가 보다 무엇이 팔삭둥이를 낳게 했는가 마주친 관계로 아무래도 생사를 거둬야 할 일이, 축 처진 아이 들쳐 업고 봄으로 가는 길을 묻는다 샛노란 아이 크다만 눈알을 들고 사생결단 빠져 나왔던 그곳으로 냅다 뛴다

위독한 봄날

무안스럽도록 밀어내는 고요다
저렇게 닫는 까닭을
형산강 봄은 언질도 없이 섭섭하게
만나진다
이즈음 때면
어디에나 생것들이 소란을 피울 때지만
저것이 염하듯 누워있는 것은
필시 어느 옆구리쯤
해시시한 샛강을 만났거나
더운 몸짓 섞어보았거나
하여, 가다서다 발걸음 떼지 못하고
저를 놓고 있는 거다
그러니까
사람처럼 이별자리 아픈 거다
도처에는 이런
강물 부지기수로 많다
죽은 듯 며칠 앓는다
마파람에 누군가 나를 다녀갔던가 보다
다녀간 자리, 버릇처럼 맺히는 물집
비로소 봄인 것이다

먼저 온 싹들 그 뜨거운 발이
강물 이마에서 건너오지
못하는 여기는

우담바라를 찾아

어디, 있는지 행방이 묘연해서
세상마다 월장해 짚는다
소문은 나를 데리고 다닐 뿐
부처의 음성까지 뒤질 수도 없는 것
이런 나를 누가 끓이는지 썩은 내 난다
그래, 함량미달이다 더 이상 삶지 마라
폭설은 나무들처럼 나란히 걷는데
청동물고기 운다 죽은 서까래에서
느릿하게, 아주 거만하게
울음들 질겅질겅 나를 건드리며
천 년을 세 번씩이나
가불해 써버렸다는데
어이없어 부처 손가락을 깨문다
물린 자리 허옇게 내미는 한 이파리
그렇게 헤매고 다니던 내가
거기 살줄은

쓸쓸한 중독

오래된 묵화 앞에서 몸의 금줄 느낀다
매화나무 더운 피 몇 송이 두문불출이다 이곳의 밖인 거기
언제 적 눈발인지 한 채 무덤이다 저리 까탈스레 지켜내는
한 번도 꽃의 울을 디뎌보지 못해, 무식하게 덤비지만 완고하다
함부로 다녀올 세상은 더욱 아닌 터 붓끝은 얼마나
생을 구부렸을까
오작동하는 몸을 죽이느라 저물고 있는 한 남자
저기 어디쯤 걸어두면 세상이 부정타지 않을까
먹물의 농담이 깊어 드리울 수가 없다
그대 보았는가
오도 가도 못하고 서 있는 저자의 안색을
한 획 꾸중처럼 그어버리는 붓의 행위를

소 지라를 먹다

어지럼증 직효라고 저걸 보내왔다
숭덩숭덩 썰린 것이 끔찍하게 고운,
서너 바퀴씩 천정에 매달리는 요즘
이걸 먹어야 살 수 있다는데
참기름 부어 뒤적뒤적하다 삼킨다
질끈 몸이 감긴다
숨구멍 비좁도록 씹는 둥 마는 둥
미처 내려가지 못하고 올라오는 욕지기
이젠 지라가 도나보다 어지럽나보다
이 구석 저 구석 처박히다 까무룩
밖은 내가, 안은 그가 돈다
生을 쓰다 보면 돌아버리고 싶을 때가,
돌려버리고 싶을 때가 있는 게지
이렇듯 난세를 만나 조리돌림 당하듯
악을 쓰며 도는 거지
입가의 핏물 닦아내는 동안
가을, 쥐불놀이 열중이다

요로결석

강변에서 돌부리 차였다 욱신거리는 게 장난 아니다
뺀질한 것 뽑아버렸다, 아니 볼모로 잡아왔다 말려서
눈의 안주로 삼을 지 차후 생각해 볼 문제, 영리한 것
평생 떼메고 다니던 샛강을 끌고 왔다 짜그락거리는
소리 내 잠을 걷어차고 서가에 책들을 띄우는 반경
태클을 거는 것이 역시 꾼이다 물소리에 잠 못 든 것
뿐인데 아랫배 급히 아파온다 마구 뜯어내기도 한다
쫄쫄 꼬아버리다 여러 번 기절주다 앞뒤 뒹구는데
그는 태연하다 조막만 한 저게 무슨 짓을 하는 건지
응급실 실려가 뼈도 살도 다 분리를 시키게 하는데
가만두지는 않을 것 같다 내 물관을 모조리 막는다
누렇게 띄워 내 안에 수장시켜버릴 작정인 저 웬수

서리

며칠 앓았을 뿐인데
열꽃 폈다 긁을수록 나를 다쳐놓고 경고 같은,

아플 때마다 쇠종 두드리던 게 너였던가
먼 이역 거기 다녀오는 동안 내 몸을 지켜내던 가엾은 것
나를 수습해 돌아서는 그대 까닭 없이 일몰하는 그것 아는가

수천 번 환생해도 또 그 몸인 것을
뚝뚝 뜯어내면 금방 채워질 가릴 것 없이 꽃 피었다
만상의 꽃들 닫히는 늦가을 주야장천 피어나는 저것 위로
함박 서리다

물끄러미

산을 구부리고 물이 나무를 타는
누대 허물없는 사이
더불었던 저들의 사생활
깡추위 낀 겨울 단산지
한 끼 아픔을 까발려도 비밀한
거기 여백도 섞였다
그 여백 디뎠다가 평생
돌아오지 않는 이도 있다
빽빽하게 붙어사는
것들 뜨신 살 발라먹는 너머
청둥오리 너덧 정분 나서
서로 발길질이다
못물까지 때려눕히는 발칙한 것
쑤석이는 머리칼과 퀭하게 뚫린 눈
이런 걸 혼 빠졌다 하는가
달랑 껍질만 데리고 섰는 시각
물도 따가운지 깜박깜박 뒤튼다

무

무우를 깎는다
두터운 껍질 너머 길이 휘어진다
처녀림처럼 아무것도 닿은 게 없어 칼끝마저 버벅거린다

손가락 사이로 흘러버리는 물의 감촉
나를 탈색시키려는 위험한,
베이면 베일수록 저릿하게 들고나는 물뱀 같은 것
둔부를 넘어 널름거린다

편지를 쓴다
비가 오려는지 아픈 삭신에게
죄 슬퍼 보이는 저 속살로 끄적거린다

간절한 문장력 없이도 굴절되어오는 흰빛에 기대어
아파서 어두운 DNA 속으로
한 봉투 가득
희고 매끄러운 정신을
추신해

코스모스에 대한 오독

등이 휜다
수천 행간이 겁나게 오타난다
쑥덕거리며 자주 어깃장 놓는다
진창 사는 게
휑하도록 뒤가 마려워지는 것
찌릿 찌릿 당기는 설움 같은 것
내 정신지체로부터 달아난
피의 낯들이
가물가물 생각나는 것
등뼈 하나 떨어져
밖으로만 허대던 나와는
영영 멀어지는
그 발광 속으로 한 모가지
틀어쥐고 세상을 걸어가는
코스모스 한 배미

철딱서니 없이

명태조림 반 토막 먹었다 실뼈 하나 말썽이다 잇몸
삐딱이 숙주처럼 파고드는데 밑동까지 찌르르하다
빼내려고 애쓰는 혀끝 얼얼하다 살붙이로 알았나
보다 적당하게 마른 거 하며 침침한 눈 하며 어쨌든
영락없이 닮았던 게지 정신없이 추워버린 이런 날
왜 덥석 물고 늘어지는지 밖은 눈사태로 설설 기고
나는 방안에서 설설 기고 생일 날 명태 뼈에 꿰여
그녀 생각도 놓치고, 아들 하나 얻으려고 낳아도
낳아도 딸 딸뿐인 그 애벌레 같은 것들 부처에게
몽땅 바치고 명태처럼 말라버린 그녀 놓아준 그해
눈이 하염없더라만 생선뼈에 찔려 죽는 것도 아니면서

저 위대한 거드름 앞에서

1

장미, 드세게 허공을 감는다
배태된 새끼 모두 꺼내놓고 점검해보는
허투루 사산되는 일 없이 아래 위
칸마다 눕혀놓는 저 힘
붉다 못해 옹골찬 봄이다

2

열하나 낳았지만 피다만 채 떨어진
어미의 자식들 겨우 건진 넷만이라도 데불고 살겠다고
가시가 없던 어미, 장기마저 긁어 먹였을 터인데
새끼를 헌납하는 일 지긋지긋했을 터인데
산아제한 없이 마구 퍼질러놓는 저것
마주치는 내가 소태다

석류

그를 돌려세운 후
가을볕은 우거지고
그 볕살, 진이 나도록 밟다가
기어이 홍진 속으로 퍼드러졌던
끔찍한 날 말없이 지켜보는
그가 수상해
그만 짜개어보는 실수 범하고 말았습니다

천지신명이여!
그를 업신여겨 두 동강낸 죄
저 핏덩이 내부까지 들어간 죄
잠시 미쳤던가 봅니다
헌데,
누군가 사랑을 또 청하고 있습니다
멀쩡하던 내가 알갱이째 뽑힐 것 같습니다

입동

어떤 한 놈의 행위가
담쟁이 줄기를 火葬케 한다
인접한 관계인 나도
불구덩이 직전이다
얼른 집나간 몸을 불러들인다
악착같이 밖으로만 떠돌던 것
감출 사이도 없이
덥석 머리채부터 잡히고
뼈 추릴 것 없이 옴팍 태워진,
뜨끈뜨끈한 재들을 누군가
수습한다
서늘한 품이다

책 속에서 저물다

쉽게 범하지 말라는 뜻인가
깜장돌 속에서 자꾸 길을 놓친다

일면식도 없는 나를 관찰하는
저들의 밀교 나프탈린 냄새처럼 집적거린다

정분 나누고 싶어 하는 저것 잘근잘근 씹는다
그를 먹을수록 누런 식욕이 치미는데
한때 울렁거리게 했던 그 열애의 능선은 어디,
까막눈 하나쯤 별 것 아닌 이곳
한 발짝도 옮길 수 없는 나는 여전히 불임 중

너를 만나는 오늘도 캄캄한 형용사
네 심장에서 그저 그렇게 놀았던 방자한 삶이
실성이나 하지 말았으면
해서, 한 줌 방부제를 삼킨다

벌써 해 떨어지고 너덜하게 접힌 채 말라버린 나를
또 누군가 발견하는 날에는

● 해설 ●

꽃의 시학

권경아(문학평론가)

1

정하해의 시세계에서 모든 것은 꽃으로 피어난다. 꽃을 향하는 시인의 시선은 현실에서 겪게 되는 크고 작은 일상들 속에서 꽃의 모습을 찾아내는 것에서 더 나아가 꽃이 지닌 순수와 아름다움에 매혹되어 스스로 꽃이 되기를 희망하는 단계에까지 이르게 된다. 이 시집은 흐드러진 꽃으로 가득하다. 「저것 빌려」에서는 "당신이 벙그러 놓고 간 나는 통꽃으로 피고지고" 함은 물론이고 화려하게 피어있는 벚꽃은 "저것 빌려 돌아온 당신"으로 그려짐으로써 만남과 이별까지도 꽃으로 그려지고 있다. 때로는 산수유 꽃을 "내가 버린 한때의 사랑"(「수상쩍은 봄날」)이라 부르는가 하면 이별 후의 고통을 "배꽃의 환각에서 한없이 미쳐버리고 싶은 충동질"(「과부하」)이라 부르기도 한다. 일상에서 찾아낸 꽃들을 보며 펼쳐지는 시인의 시적 상상력은 섬세하다 할 수 있다.

자주 만나지던 동백꽃 몸을 말아 쥐고 떨어졌다 바깥바람 잘 쐬고 온 직후였다 경찰이 다녀가고 동백 이파리가 수사를 당하고, 저를 끊어낸 잠시 잠깐이라 천둥칠 사이도 없었다 입었던 살이 푸르다 무엇으로도 오지 않겠다는 끄적임 있었다는데 유달리 그가 붉다고 의문도 두었다 엘리베이터 안에서 매번 인사를 텄는데 내 근접에서 꽃판을 닫고 날리는 어처구니가 생기다니 웅혼한 길을 맞닥뜨리지 말았으면 하는 내 비겁함 한 궤에 다닥다닥 붙은 저 겁 많고 고요한 외면들 언제 우리가 보태어 살았어? 어떤 연이든 빠져들고 싶지 않아, 그러면서 스며드는 면경인 것들, 얼추 하늘을 다 건너갔을 즈음 거동 불편한 피붙이 그를 닦아낸다

—「신나르시스」 전문

아침나절 가로수목 산수유 터진 걸 보았네 내내 걸린다 눈발이 어제까지 설레발 쳤는데 바들거리던 안색이 걱정이다 만촌동와서 터뜨린 게 아무튼 다급했던 조산이었던가 보다 무엇이 팔삭둥이를 낳게 했는가 마주친 관계로 아무래도 생사를 거둬야 할 일이, 축 처진 아이 들쳐 업고 봄으로 가든 길을 묻는다 샛노란 아이 크다만 눈알을 들고 사생결단 빠져 나왔던 그곳으로 냅다 뛴다

—「急患급환」 전문

이 시들은 어느 날 우연히 보게된 꽃들을 그리고 있다. 때가 되어 떨어지는 동백꽃의 모습을 모며 시인은 우리의 삶에 팽배해 있는 무관심과 소외를 떠올린다. 동백꽃의 죽음을 둘러싸고 경찰의 수사가 벌어진다. 살인사건에서 가장 먼저 혐의를 받는 용의자는 피해자의 가장 가까운 사람이라는 아이러니는 이 시에서도 그대로 나타난다. 동백의 죽음에 가장 먼저 "동백 이파리가 수사를 당하"는 것이다. 동백꽃의 가장 가까이에서 꽃과 함께 하던 '이파리'가 가장 먼저 혐의를 받고 있다는 것은 우리의 삶과 크게 다르지 않다. 삶 속에 깊이 파고 들고 있는 불신과 소외를 시인은 "한 궤에 다닥다닥 붙은 저 겁 많고 고요한 외면들 언제 우리가 보태어 살았어?"라는 말로 표현하고 있다. 또한 "어떤 연이든 빠져들고 싶지 않아"라고 말하는 대목에서는 인간들 사이의 극단적인 무관심과 소외를 엿볼 수 있는 것이다. 「急患급환」에서 시인은 산수유가 터진 것을 보고 걱정한다. 어제까지 눈발이 날렸던 것이다. 너무 이르게 터져 버린 산수유. 시인은 이것을 "다급한 조산이었던가"라고 말하고 있다. "팔삭둥이를 낳"았다는 것이다. 이렇듯 시인의 상상력은 꽃을 중심으로 펼쳐지고 있다. 일상에서 만나는 꽃은 물론 삶의 한 단면마저도 꽃을 통해 보고 듣고 있는 것이다.

> 화장터까지 두 시간, 묵정 길 다 찾을 수 없어 路祭는 생략
> 버스 아랫배 그를 눕혀놓고 어딘가 꽂혀있을
> 벽제 더듬는다
> 침침한 허공 귀찮은 바람을 쳐놓고 나는 떨어진 落果처럼

생뚱하게 앉아 마른 입술 뜯어낸다

오십 해 갓 넘긴 그를 꺼내어 읽는다
골마다 저당 잡힌 고샅길의 문서들 선무당이다
어쩌다 팔월에 떠밀려 마주앉은 나를 잡고
한때 봉선화 꽃물 속 빠뜨리는 재미로 산 적 있었다
세 번 들여야 저승길 환해진다며 사흘 밤
아무것 허락지 않은 손톱 지지는 날은 찐득한 內部를 열고
몸져누운 상한 길들 끌고 나왔지

살아생전 그의 무기였던 法句經 한 페이지 귓속 음판 때린다
훔쳐갈 것 없는 생을 가로질러 버스는 주저앉고
명주옷 허옇게 너풀거리는 그가 앞서 걷는다
환승역 구내 쓸쓸한 악수를 넘겨받는다
그가 벗어놓은 헌 살덩이 수습해 아무도 간섭할 수 없는,
이름 함께 봉인한다

그저께 따온 꽃잎에 나 올려놓고 쾅쾅 못질한다
푸르락 뼈들이 타오른다 너무 붉어 신들린 듯
떨고 있는 대궁을 짚고 그가 웃는다

—「살꽃이 피다」 전문

시인의 등단작이기도 한 이 시는 삶과 죽음을 '봉선화 꽃' 과 '살꽃' 을 통해 그려냄으로써 삶과 죽음을 담담히 관조하며 삶

과 죽음의 간극을 좁히고 있다는 점에서 주목할 만하다. '그'의 죽음 앞에서 시인은 "봉선화 꽃물 속 빠뜨리는 재미로 산적 있"는 지난 한때를 떠올린다. '그'는 "명주옷 허옇게 너풀거리며" 앞서 걷고 '그'가 "벗어놓은 헌 살덩이"는 '살꽃'으로 피어난다. 시인은 삶과 죽음을 '봉선화 꽃'과 '살꽃'이라는 '꽃'을 통해 그려냄으로써 죽음이 가져오는 두려움과 슬픔을 승화시키고 있는 것이다. 죽음마저도 '꽃'으로 피워내고 있는 시인에게 더 이상 죽음을 슬픔과 두려움의 대상이 아니다. 죽음의 길에 오른 "그가 웃"을 수 있는 이유가 바로 여기에 있는 것이다.

2

'꽃'에 주목하는 정하해의 시세계는 등단작 「살꽃이 피다」에서 알 수 있듯 시작 초기부터 비롯되어 '꽃'에 대한 인식의 폭을 넓히는 방향으로 나아가고 있다. 꽃을 향한 시인의 사랑은 이성적인 감각이 아닌 몸으로 체감하는 것이라 할 수 있다.

> 외출했다 돌아오면 가려워지는 피부
> 짜증이 난다
> 연례행사로 찾아오는 것이어서 긁다가 박박 치대다가 피멍든 골 따라
> 벌건 살이 흐른다
>
> 비탈 진달래꽃 소동이다
> 헌디처럼 들러붙어 산을 긁어내는 저것들 무간지옥까지

붉은 만장 보시다
모든 지옥이 열리면서
지화자

참을 수 없어 주사를 맞는다 흰 살에 수를 뜬다
한 술의 꽃점을 떠내어 화전 부친다
나를 지진다 먹을수록 고파지는 이 멀미들 환장하게
봄을 긁는,

한 줌 약을 손에 쥐고 망설인다 이걸 삼키므로 순식간에 끝내버릴
놀이가 아쉬운 건 아닌데, 이맘때면 대책 없이 미치는 피 때문에
그래, 그래, 그렇지
만화방창 한바탕 놀고 볼 일이지
한바탕 울고 볼 일이지

—「화전놀이」 전문

이 시에서 시인은 외출에서 돌아와 심한 가려움증을 느끼게 된다. 꽃이 만발한 봄이면 연례행사처럼 겪게 되는 알레르기 때문이다. 때문에 진달래 가득한 산비탈은 시인에게 "무간지옥"과 다름없고 붉은 진달래는 "붉은 만장"과 같다. 그러나 시인은 "모든 지옥이 열"린다고 하면서 "지화자"를 외치고 있다. "참을 수 없어 주사를 맞"으면서도 "한 술의 꽃점을 떠내어 화

전을 부치"고 있는 것이다. 피해야 하는 꽃임에도 "지화자"를 외치고 "화전"을 먹고 있는 것은 그것이 시인의 힘으로는 피할 수 없는 마력과도 같기 때문이다. 화전을 지진다는 것이 "나를 지"지는 것과 같다고 하더라도 거부할 수가 없는 것이다. 그것은 꽃 앞에서는 "대책 없이 미치는 피" 때문이다. 꽃이 비록 상처와 고통을 주더라도 "대책 없이 미치는 피"가 시인을 "환장하게"하는 것이다. 이러한 상처와 고통도 "한 줌 약"을 먹는다면 끝날 것이다. 그러나 그것마저도 주저하고 망설이는 것은 다름 아닌 "대책 없이 미치는 피" 때문이다. 시인에게 '꽃놀이'는 "만화방창 한바탕 노"는 것임과 동시에 "한바탕 우"는 것. 기쁨과 슬픔, 쾌락과 고통을 동시에 맛보는 것이 되는 것이다.

한 줄금 고민도 없이
어디 포개어진 데도 없이
못 견딜 이별도 모르는
그가 피었다
고스란히 제 몸을 디뎠다
예약한 시간까지 여분이 남아 우연찮게 병원 뒤뜰 찾았다
빈 의자 누구도 함께할 수 없어
마른 꽃잎처럼 앉아
그에게 이유 없이 비벼대는데
가만,
왜 자꾸 왈칵거리는 몸이지
이걸, 들키기 싫어

안 본 척 급히 나와 버리는데

—「비비추」 전문

'꽃'을 향하는 시인의 마음은 이성적인 판단에 근거한 것이 아닌 몸이 느끼는 것이라 할 수 있다. 이 시에서 병원을 찾은 시인은 여분의 시간으로 인해 병원 뒤뜰을 찾게 된다. 그곳에 "한 줄금 어지럼증도 없이 어디 아픈데도 없이 못 견딜 욕지기도 없이" 비비추꽃이 피어있는 것이다. 이 꽃의 옆에 앉은 시인은 자신도 모르게 "그에게 이유 없이 비벼대"는 스스로를 발견한다. "가만, 왜 자꾸 왈칵거리는 몸이지"라는 의문이 들 정도로 시인은 자신의 몸이 왜 꽃을 향하는지 설명하지 못하는 것이다. 결국 시인은 "이걸 들키기 싫어 안 본 척 급히 나와 버리"고 만다. 이 시에서 그 이유는 직접적으로 드러나지 않는다. 그러나 그 이유는 몸이 말하고 있는 그대로이다. 몸이 원하는 것이다.

산이 자주 다녀가는 하늘
사랑채다
그 사랑채 깊은 그늘목에 앉아
한 켤레 고삳길을 벗는다
극락전 처마 아래
찔레꽃 이파리들의 바라춤
밤새 이어지는데
별들이 뜬 눈으로 받아온

한 잔 이슬, 만신창이 몸 한 벌 씻어낸다
마음껏 쓸쓸해져도 좋을
이 환장할 거처 솔잎은 솔잎대로
면벽에 들었는지 허공이 비었다
살풋, 선잠까지 따라와
나를 두드리는 독경, 어디로부터
왔는가
비로소 가뻔해진

—「松下에 들다」 전문

마찬가지로 「松下에 들다」에서 시인이 홀린 듯 송하에 드는 것도 그 이유이다. 극락전 처마 아래에서 밤새 이어지는 "찔레꽃이파리들의 바라춤". 시인은 "산이 자주 다녀가는 하늘 사랑채"인 이곳을 "마음껏 쓸쓸해져도 좋을 이 환장할 거처"라고 말하고 있다. 소나무 아래 깊은 그늘목에 앉았다가 밤이슬을 맞도록 그곳을 떠나지 못하는 것은 은은하게 풍기는 솔잎의 향과 "찔레꽃이파리들의 바라춤"으로 몸이 "비로소 가뻔해진" 것을 느꼈기 때문이다. 그것이 바로 몸이 느끼고 원하는 그대로인 것이다.

매달린 꽃들로 봄 휘어진다
광폭해지는 저들 속에서
종일 수발들어야 하는 어진하루
옮겨 다니며 겁탈하는 꽃의 발정 때문에

세상 모든 것들 진찰해볼 일이다
피면서 건드려놓는 엄밀한 범죄들
저것에게 향고수레 한번 받은 적 있었던가
당혹스러운 풀무질이다
미련 없이 지르고 가는 그에게
애끓는 몸뚱이 쳐넣고 싶다
그리고 나서 수태가 된다면,
내 수절 끊어내는 일
기어이 봄 부러지는 소리

—「수정하고 싶다」 전문

이 시집에서 또 하나 주목할 것은 이 시집에서 '꽃' 은 주로 '봄' 과 함께 그려지고 있다는 것이다. 앞서 언급한 「화전놀이」에서 봄꽃의 상징과도 같은 진달래를 위시해서 「신나르시스」의 동백꽃, 「急患급환」의 산수유꽃, 「저것 빌려」의 벚꽃 등이 모두 봄꽃이다. 봄은 만물이 소생하는 계절로 새로운 생명의 탄생, 즉 생명력의 상징이라 할 수 있다. 이 시에서 그리고 있는 것이 바로 봄의 생명력, 피어나는 꽃의 생명력인 것이다.

무심코 행렬을 따라 부석사 당긴다
돌확이 떠주는 물 한 잔 텁텁한 나
헹구어 놓는다
아무데나 꽂던 칼날의 아뜩함 여기서
빼낼 수만 있다면 열, 스물

나 꺾어놓으며 뉘 골라내듯
칼을 뽑아낸다
어디 물 많아 법당 적시고 부처를 빠뜨리고
끝내 수장되는 뗏목처럼
칠월 끄트머리 지독한 가위눌림
더 이상 줄기는 오르지 않는다
본시 그런 줄 알고 있었지만,
살가죽 찢어 화엄 몇 구절 지진들
홧병 터트릴 수 있을까
나 걸어놓고 헌 단청 벗겨낸다
저만치 지팡이 짚고 걸어가는 그가
돌아서서 나를 두들겨 팬다
덩덩 절이 운다
세상의 귀들 달려오고 마주보는 석탑 사이
행려자처럼 편안한 하루 떨어진 하늘 끌고 내려간다

—「나팔꽃이 있는 풍경」 전문

사람들을 따라 무심코 부석사로 들어선다. 이 시에서 '나'는 아무데나 칼날을 꽂을 정도로 아뜩한 삶을 살아왔다. 부석사의 물 한 잔을 마시며 "텁텁한" 스스로를 헹구기 시작하는 시인은 함부로 꽂았던 칼을 "뉘 골라내듯" 뽑아내고 있다. 부석사의 기운이 시인을 감싸고 도는 것이다. 시인은 아뜩한 삶에서 얻은 "홧병"을 이곳에서 치유할 수 있을까. 이 시는 직접적인 해답을 보여주지는 않는다. 다만 "나 걸어놓고 헌 단청 벗겨낸다"는 말을 하고 있다. 또한 "저만치 지팡이 짚고 걸어가는 그가 돌아서서 나를 두들겨 팬다"는 말을 하고 있다. 이루지 못하는 것들에 대한 욕심으로 마음만 확확 타오르는 "홧병"을 오랜 세월을 통해 천천히 벗겨져 나간 부석사의 단청과 바꾼다는 것. 그것은 마음을 비우는 것과 다르지 않다. 또한 지팡이를 짚고 걸어가다 돌아서서 시인을 두들겨 패는 그는 급한 성정의 시인을 나무라는 노승을 연상하게 하는 것이다.

이 시에서 시인은 부석사에 들어서며 마음의 평정을 찾고 있다. '나'의 번잡스러움이 부석사의 평온에 동화되어 가고 있는 것이다. 그러나 여기서 주목할 것은 이 시의 제목이 "나팔꽃이 있는 풍경"이라는 것이다. 마음 속에 응어리를 품고 살아온 '나'와 대비되는 부석사의 풍경은 다름 아닌 "나팔꽃이 있는 풍경"이었던 것이다. 즉 이 시는 세속적인 '나'와 순수하고 평온한 '나팔꽃'의 대비가 세련되게 그려지고 있으며 또한 이러한 대비를 통해 순수한 '나팔꽃'의 세계에 도달하고자 하는 시인의 소망이 잘 드러나고 있다고 할 수 있다.

세속적인 '나'와 순수한 '꽃'의 대비는 「애기동백」에서도 드러난다. 시인은 티없는 영아원의 아이들을 "아무런 간격 없이 마구 피어버린 꽃들"이라 말하고 있다. 그에 비해 자신은 "순간, 죄인 같다"고 말한다. 이 시의 '애기동백'은 「나팔꽃이 있는 풍경」에서처럼 세속적인 '나'와는 달리 순수와 아름다움의 상징으로 그려지고 있는 것이다.

미열처럼 뿌연 세상에서
의지와 상관없이 도둑맞고 가는 일
한 벌의 몸이 즐비한 섯다판에서 내가 나를 찍어 넘기는 일
저 숱한 타자로 인하여 미어터지도록 아픈
그것이 중심이기에 마침내 곪아
뭉그러지게 앓아눕는
잠깐,
생은 몰입이다
그는 낯설게 찾아와 사납게 후려치고 갈 뿐이다

—「내가 낯설다」 전문

이 시에서 삶은 "의지와 상관없이 도둑맞고 가는" 뿌연 세상으로 그려지고 있다. "미어터지도록 아픈", "마침내 곪아 뭉그러지게 앓아눕는", 그것이 인간의 삶인 것이다. "그는 낯설게 찾아와 사납게 후려치고 갈 뿐이다"라는 말 속에는 생을 낯설게 느끼고 있는 시인의 시선이 그대로 드러나고 있다. 생이 낯섦에도 시인은 "내가 낯설다"고 말한다. 그것은 이 시에서 낯선 대상이 삶과 '나' 모두가 된다는 것을 의미하는 것이다. 시인은 현실 세계, 삶, 그리고 그 속의 인간인 '나' 에 대해 불신과 경계의 눈빛을 보내는 것이다. 시인에게 순수, 아름다움의 대상은 '꽃' 이라 할 수 있다. 이러한 맥락에서 시인은 스스로를 '꽃' 과 동일시하는 것이다.

3

모든 것을 꽃으로 피어나게 하는 정하해의 시세계는 흐드러진 꽃으로 가득하다. 현실에서 겪게 되는 크고 작은 일상들 속에서 꽃의 모습을 찾아내던 시인은 더 나아가 꽃이 지닌 순수와 아름다움에 매혹되어 스스로 꽃이 되기를 소망하는 단계에까지 이르게 된다.

기차는 알 수 없는 꽃잎을
잔뜩 싣고 떠났다
봄 아홉 시
하늘은 천천히 몸을 말아 뒤 따라간다
빠르게 스쳐가는 반대편 열차에서
나른하게 얹혀가는 나를 발견한다
들이치는 풍경이 귀찮은 듯
두 눈을 밖으로 던지는 그녀.
바람과 오골거리는 여행은
번잡하면서도 즐겁지
봄 열다섯 시,
멸치 다싯물에 잘 적신 국수가
생각나는 출출한 새참시간
재차 그녀 지나간다
잘근잘근 손톱을 요절내며 간다
그 어떤 것도 처방이 될 수 없는,
마음이 뒤죽박죽이다

한 시절 지나 희뿜한 내세로 진입한다
제 몸을 빠져나온 것들은
모든 게 홀쭉하다 나는 문둥이처럼,
문둥이처럼 달고 쫀득한 살이 그리워
눈물뿐인데 시간조차 소멸이다
알 수 없이 핀 꽃들 어느 듯
알갱이를 낳고, 저절로 커가고,
별도 짝짓기 하는 해이다
일체를 떠나 이렇게 유랑한 게
몇 세기나 되었을까
불운하게 그녀도 나도 떠도는 지금

—「뫼비우스」 전문

이 시에서 기차는 "알 수 없는 꽃잎을 잔뜩 싣고 떠난다". 여기서 "알 수 없는 꽃잎"은 "나른하게 얽혀가는 나를 발견"함으로써 '나' 임이 밝혀진다. 또한 기차 안에는 "들이치는 풍경이 귀찮은 듯 두 눈을 밖으로 던지는 그녀"가 타고 있음으로써 "알 수 없는 꽃잎"의 또 다른 정체는 '그녀' 임이 밝혀진다. 그러나 이 시에서 '나' 와 '그녀' 는 타인이기도 하지만 기차를 타고 떠도는 꽃잎이라는 점에서는 타인이라는 경계를 넘어서고 있다. "잘근잘근 손톱을 요절내며" 가고 "그 어떤 것도 처방이 될 수 없"을 정도로 "마음이 뒤죽박죽"이다. 그러나 이 기차 안에서는 "시간조차 소멸"하기에 모든 것이 "홀쭉"하고 "알 수 없는 꽃들"은 "알갱이를 낳고, 저절로 커가고, 별도 짝짓기"를 하며

"일체를 떠나 이렇게 유랑"하며 함께 떠돌고 있다는 점에서 '너'와 '나'와 구분이 무의미해지는 것이다. 이 시에서 꽃이 된 '나'와 '그녀'는 끊임없이 떠도는 운명을 맞는다. 그것은 마치 '뫼비우스' 띠처럼 끊임없이 이어지고 있는 것이다. 시인은 비로소 꽃과의 동일시를 이루어 낸다. 그것은 오랜 겨울의 터널을 지나 봄을 맞이하는 것과 다르지 않다. 이 시에서 비록 "불운하게 그녀도 나도 떠"돌고 있다고 말하고 있더라도 그것은 불운이 아니다. "시간조차 소멸"한 기차 안에서 "마음이 뒤죽박죽"인 "한 시절 지나 희뿜한 내세로 진입"하며 "봄 아홉 시"에서 "봄 열다섯 시"로 봄 시간을 달리고 있는 것은 새로운 시작을 의미하는 것이라 할 수 있는 것이다. 이러한 꽃으로서의 삶이 또한 뫼비우스의 띠처럼 계속 되리라는 것, 여기에 시인의 희망이 있는 것이다.

삶의 곳곳에서 꽃을 찾아내던 시인은 꽃의 순수, 아름다움에 끝없이 이끌리게 된다. 꽃 앞에서 "대책 없이 미치는 피"(「화전놀이」)로 인해 시인은 꽃을 벗어나지 못하고 급기야 꽃과의 동일시를 소망하기에 이르는 것이다. 꽃으로 말하고 꽃을 살아감으로써 스스로 꽃이 되는 시세계, 이것이 정하해가 그려내는 꽃의 시학이다.

문학의전당 시인선 37

살꽃이 피다

초판인쇄 2007년 09월 20일
초판발행 2007년 09월 30일

지 은 이 정하해
펴 낸 이 김충규
펴 낸 곳 문학의전당
출판등록 제387-2003-00048호(2003년 9월 8일)

주　　소 152-841 서울특별시 구로구 구로 6동 97-1 로얄프라자 206호
전화번호 02-852-1977
팩시밀리 02-852-1978
블 로 그 http://blog.naver.com/mhjd2003
전자우편 mhjd2003@naver.com

ISBN 978-89-91006-70-6 03810